SV

Gegen Zwangsvorstellungen, Irrsinn, Alpträume, Bindungsangst kann eventuell Chaos-, Licht-, Glücks- und Aromatherapie helfen. Und wenn das alles versagt? Dann gibt es nur noch eins: Cartoons von Nicolas Mahler! Die sind garantiert billiger und einfacher in der Anwendung. Ein Versuch lohnt sich.

Nicolas Mahler, geboren 1969, lebt und arbeitet als Comic-Zeichner und Illustrator in Wien. Für sein umfangreiches Werk wurde er bereits mehrfach ausgezeichnet; u. a. erhielt er 2010 den Max und Moritz-Preis als »Bester deutschsprachiger Comic-Künstler«, 2015 den Preis der Literaturhäuser und 2019 den Sondermann-Preis.

Zuletzt erschienen: *Komplett Kafka.* Eine Comic-Biografie (st 5374), Arno Schmidt, *Schwarze Spiegel.* Gezeichnet von Mahler (BS 1528), *Thomas Bernhard. Die unkorrekte Biografie* (st 5125), James Joyce, *Ulysses.* Gezeichnet von Mahler (st 5006), *Auf der Suche nach der verlorenen Zeit –* nach Marcel Proust (st 4808), *Das kleine Einschlafbuch für Große* (st 4723), *Partyspaß mit Kant. Philosofunnies* (st 4634), Thomas Bernhard, *Alte Meister. Komödie.* Gezeichnet von Mahler (st 4579).

Mahler

MEIN THERAPEUT IST EIN PSYCHO!

Suhrkamp

Erste Auflage 2024
suhrkamp taschenbuch 5417
© Suhrkamp Verlag AG, Berlin, 2024
Alle Rechte vorbehalten.
Wir behalten uns auch eine Nutzung des Werks
für Text und Data Mining
im Sinne von § 44b UrhG ausdrücklich vor.
Umschlag und Umschlagzeichnung: Nicolas Mahler
Druck und Bindung: CPI books GmbH, Leck
Printed in Germany
ISBN 978-3-518-47417-4

www.suhrkamp.de

MEIN
THERAPEUT
IST
EIN
PSYCHO !!!

DAS GLOBULI-DENKMAL

Verkehrszeichen für Spinner

Vorsicht
Zeitloch

Paralleluniversum
voraus

Sie werden dich
kriegen

Das Ende der
Welt ist nah

mahler

Labor-Sternstunden.

mahler

PSYCHOTHERAPEUTISCHE AMBULANZ

ZWÄNGLER:
bitte
21× Läuten
und mit
dem linken
Fuß
eintreten

mahler

Hab ich das Licht
am Ende des Tunnels
abgedreht?

ICH

höre

STIMMEN

Ich sehe
Schriften.

mahler

HYPNASE

Ich hab was mit meinem
Therapeuten angefangen.

Und?

Jetzt hab
ich auch
noch ein
SEXUAL-
PROBLEM.

mahler

Stört es Sie, wenn meine
MAMA auch zuhört?

mahler

Und wie war's bei der
FAMILIENAUFSTELLUNG?

Ich bin nur auf der
ERSATZBANK
gesessen.

mahler

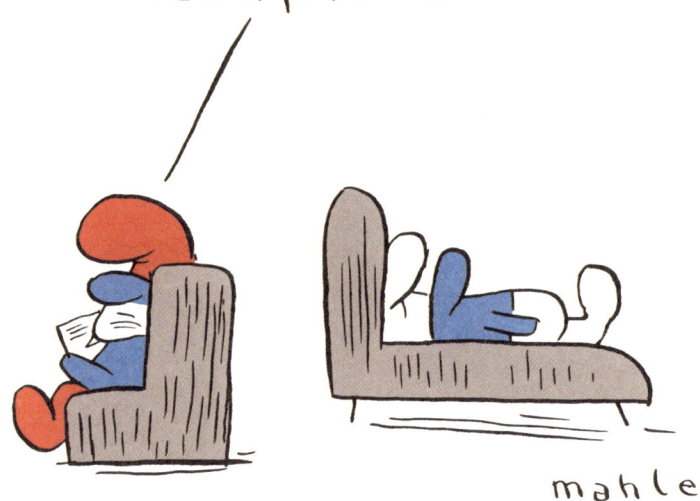

SELBSTHILFE-
GRUPPE

HELFER-
SYNDROM-
GRUPPE

mahler

Ich hasse
depressive
Komiker.

mahler

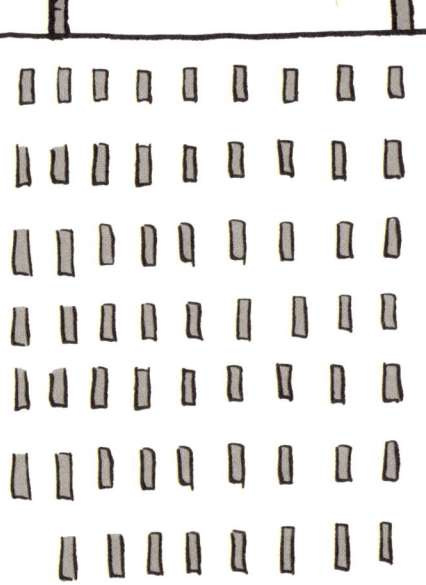

Wie war's bei der
Chaostherapie?

Der Therapeut hat
meine Unterlagen
nicht gefunden.

mahler

ESOTERISCH EINKAUFEN

Zahlen Sie heute
ZUSAMMEN
oder GETRENNT ?

mahler

Normalität und Irrsinn

Ich habe doch gesagt:
"Ich gehe und komme
als Hund wieder."

Ein Mann hält Wort.

ALLES müssen
sie einem
kaputtmachen.

mahler

52

Wir wollten eigentlich
Ihre HIRNSTRÖME messen,
sind aber nur auf STEHENDE
GEWÄSSER gestoßen.

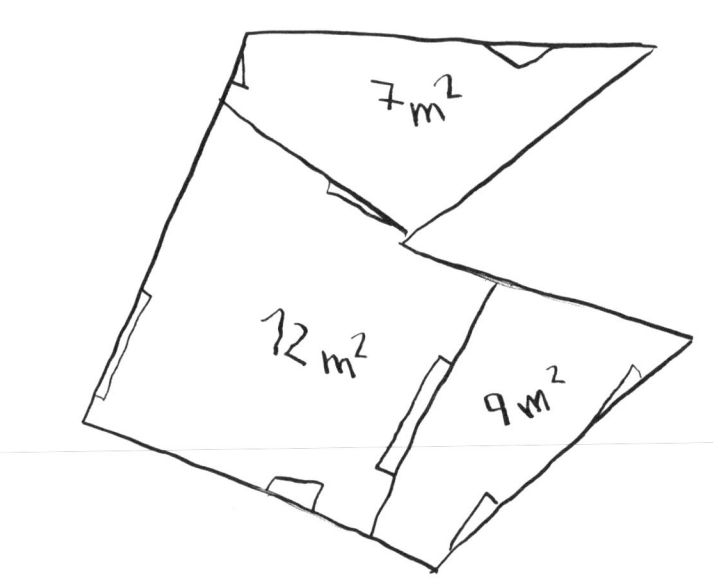

Zimmer, Küche, Kabinett
des Dr. Caligari

Als ERSTEM MENSCHEN ist
mir dieser völlig sinnlose
Alleingang geglückt.
Ich bin wirklich das
LETZTE.

BIPOLAREXPEDITION

mahler

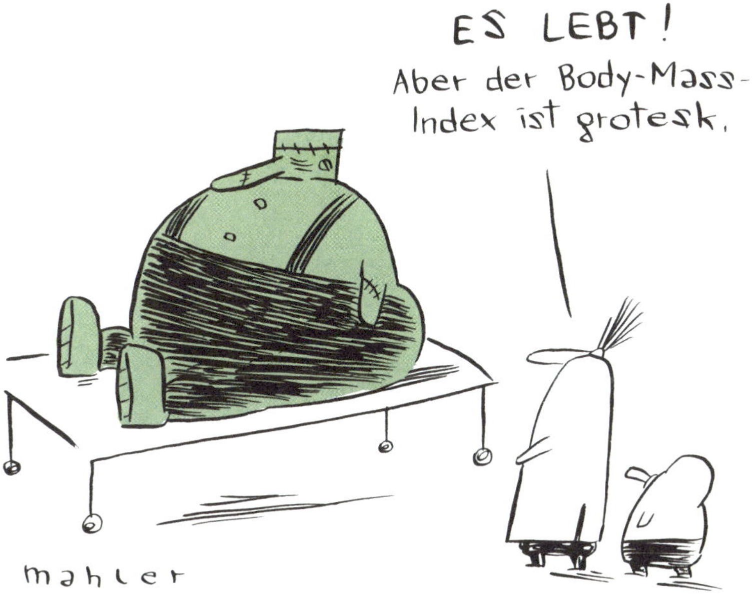
ES LEBT!
Aber der Body-Mass-Index ist grotesk.
mahler

IRRSINN ZWEITEN GRADES

AROMATHERAPIE

heute:

"Verfaulte Eier"

mahler

Ich habe Angst vor VERÄNDERUNG!

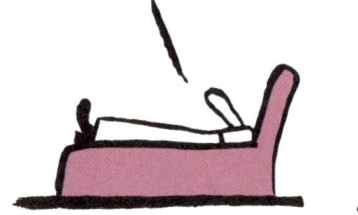

Dieser Klient bleibt mir erhalten.

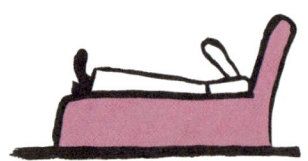

mahler

Ich habe jetzt einen
THERAPIEHUND.

Für jedes Gassigehen
verrechnet er **200,-** Euro.

mahler

mahler

INKOMPETENZ-
ZENTRUM

mahler

'DER LEBER-
SCHADEN'
hat mich mehr
berührt.

kino

DIE BINDUNGS-
ANGST (O.M.U)

20⁰⁰/22⁰⁰

mahler

Ich bin im falschen
Körperchen
geboren.

DAS GEHEIME LEBEN DER
BLUTKÖRPERCHEN.

IM LACHTHERAPIEZENTRUM

Und ich
sage dir:
Die können
mich alle
kreuzweise!

mahler

DIE UNHEILIGE ERSCHEINUNG

Ich bin keine böse Hexe!
Ich bin nur eine sehr, sehr alte
PHARMAZIEVERTRETERIN !

mahler

Na, wie war's bei der
SCHERZTHERAPIE?

Sie sagen, die Witze
wirken erst in
48 Stunden.

mahler

Das bilde
ich mir
bestimmt
nur ein.

mahler

Sie putzen die Wohnung Ihres Therapeuten, kochen für ihn und zahlen dafür seinen üblichen Stundensatz ?

Er nennt es BESCHÄFTIGUNGS-THERAPIE.

mahler

mahler

Wenn Sie wollen, dass die Leute **WIRKLICH** aus dem Häuschen geraten, würde ich Ihnen empfehlen, Ihre Verschwörungstheorien in **EINFACHER SPRACHE** vorzubringen.

mahler

Nicolas Mahler
Das kleine Einschlafbuch für Große

Grübeleien und Sorgen gehören zu den häufigsten Ursachen von
Einschlafstörungen. Stunde um Stunde halten sie einen in der
Nacht wach und bringen immer wieder das Gedankenkarussell in
Schwung. Doch damit ist nun ein für alle Mal Schluss: Denn jetzt
gibt es *Das kleine Einschlafbuch für Große*, das Schäfchenzählen,
Herumwälzen und Warme-Milch-Trinken überflüssig macht. Es
hilft beim Ordnen unangenehmer Gedanken und fördert durch
Einsatz ermüdender Ausmalbilder die nächtliche Kreativität.

Das kleine Einschlafbuch für Große ist Parodie auf
den Boom der Kreativbücher für Erwachsene und
tatsächliche Einschlafhilfe zugleich.

Flexcover, 144 S. · suhrkamp taschenbuch 4723
ISBN 978-3-518-46723-7